홍매에 입술을 대다

홍매에 입술을 대다

—

초판 1쇄　2013년 11월 4일
지은이　류시경
펴낸이　김영재
펴낸곳　책만드는집

—

주소　서울 마포구 합정동 428-49번지 4층 (121-887)
전화　3142-1585·6
팩스　336-8908
전자우편　chaekjip@naver.com
출판등록　1994년 1월 13일 제10-927호
ⓒ 류시경, 2013

—

* 이 책의 판권은 저작권자와 책만드는집에 있습니다. 이 책 내용의 전부 또는 일부를 재사용하려면 양측의 동의를 받아야 합니다.
* 잘못 만들어진 책은 구입하신 서점에서 바꾸어드립니다.
* 책값은 뒤표지에 표시되어 있습니다.

—

ISBN　978-89-7944-451-3 (04810)
ISBN　978-89-7944-354-7 (세트)

류시경 시집

홍매에
　입술을 대다

시인선 039

책만드는집

| 시인의 말 |

오랜만에 시집을 냅니다.

서천의 유유한 흐름이 내려다보이는 경주 강정산 솔숲에 나란히 누워 계시는 부모님께서 부족한 이 시집을 보고 기뻐하시면 좋겠습니다.

올여름 기록적인 폭염 속에서도 귀한 해설을 마다치 않으신 박호영 교수님, 예쁘고 품위 있게 제 생각들을 책으로 묶어주신 〈책만드는집〉 김영재 대표님, 그리고 책이 나오기까지 관련된 모든 분께 진심으로 감사드립니다.

언제나 변함없는 나의 언덕 Glenn과 Daniel에게 이 책을 바칩니다.

2013년 가을 멜버른에서
자하 류시경

| 차례 |

5 • 시인의 말

12 • 축복
13 • 나의 도
14 • 그대 안에 그린 풍경화
16 • 나의 빈부
17 • 울지 말자
18 • 삶
19 • 별과 나
20 • 평화를 빕니다
21 • 까치밥에 대한 명상
22 • 물랑루즈 엘레지
24 • 행복
26 • 뒤편의 빛
28 • 논길과 참개구리
30 • 숲의 샘
32 • 꽃차
33 • 꽃집에서 얻은 병
34 • 꽃보다 우리

2부

- 36 · 길 위의 사랑
- 38 · 달이 뜨고, 나는 산이 되고 싶다
- 40 · 지금은 가을입니다
- 42 · 나의 사상
- 44 · 돌아오지 않는 철새
- 46 · 인내
- 47 · 벙어리장갑
- 48 · 소렌토, 사랑을 꿈꾸다
- 50 · 은하도
- 52 · 빛고을의 야생화
- 54 · 감각을 자극하는 사진
- 56 · 강남달
- 58 · 빗물 속에 핀 고독
- 59 · 밤바다에서
- 60 · 중보 기도

3부

62 · 바람꽃
64 · 연
65 · 단상
66 · 빈 나룻배
68 · 복음 환호송
69 · 홍매에 입술을 대다
70 · 어머니 꿈
71 · 장대비
72 · 홀씨야 홀씨야 민들레 홀씨야
74 · 그때 새가 죽어
76 · 봄 엽서
77 · 등대
78 · 백야
79 · 속진
80 · 단정하게 죽은 나무
82 · 베들레헴 구유와 가시고기
84 · 섬진강의 달빛
86 · 기분 전환

4부

- 88 • 새벽 강
- 90 • 늦가을
- 91 • 봄, 고향에 가고 싶네
- 92 • 편백나무 숲에서
- 94 • 금단의 연가
- 96 • 방황 보내며
- 97 • 들꽃
- 98 • 김 여사의 이론
- 99 • 거미
- 100 • 에밀레 연가
- 102 • 당일 여행
- 103 • 접부채, 산자고가 그려진
- 104 • 하늘 가자
- 105 • 해당화
- 106 • Blessed is my heart

5부

- 108 • 회향의 노래 1
- 110 • 회향의 노래 2
- 112 • 회향의 노래 3
- 114 • 회향의 노래 4
- 116 • 회향의 노래 5
- 117 • 회향의 노래 6
- 118 • 회향의 노래 7
- 119 • 회향의 노래 8
- 120 • 숲
- 122 • 창세기
- 124 • 새벽빛
- 126 • 슈퍼문
- 127 • 광합성 체질
- 128 • 당신의 법
- 130 • 매미가 떠났다
- 133 • 아침 산책

- 134 • 해설_박호영

1부

축복

그대여
오늘도 좋은 날 되소서
활짝 열린 문으로
사랑이 찾아와
무지개 같은 하루 되소서

고통은 비껴가고
감동의 큰 강만이 흐르소서
항상 웃는 하루 되소서

발 닿는 곳마다
기쁨 넘쳐나고
언제나 어디서나
행복하시기를
그대의 오늘을 축복합니다

나의 도道

동그라미 그린 후
안팎에 점 하나씩 찍고

이승과 저승이라 해도 좋고
'보이는 우리'와
'보이지 않는 그들'이라 해도 되고
'보고 싶은 나'와
'볼 수 없는 너'라 해도 괜찮아

욕망과 자유 사이
원형의 길을 가볍게 걷되
한쪽으로 치우치거나
비틀거림 없는
불편不偏을 지키는 것
내가 사는 법

그대 안에 그린 풍경화

첫 붓놀림으로 청산을 그렸지요
녹향 짙은 산자락 따라
졸졸 흐르는 강물을 놓았어요
강 흐름만은 밋밋해
열목어 몇 마리 산천에 풀었더니
맑고 깊은 맛이 살아났어요
물소리 잔잔한 청산 올레길에
남색 선명한 창포꽃을 쳤어요
아, 창포만은 외로워
산국화와 구절초 별처럼 쏟았지요
산비탈 양지쪽에
곰솔 한 그루 운치 있게 세우고
솔가지에 두 마리 접동새를 앉혔어요
마지막으로
그늘 좋은 마당바위 그린 후
하늘 향해 누울까 했더니
어디선가 은은하게 들리는

외줄 풍경 소리에
그대 안에 그리던 그림을 멈추었지요

나의 빈부 貧富

빈손으로 왔으니
옷만 입고 있어도
가난하지 않아

동전 하나
비열하게 벌지 않았으니
노력과 고초와 추억이
풍요롭지

가지고 싶은 것
가져야 할 것
없어서 불편함도
이젠 더 말하지 않고

깨달은 바 있으니
애초의 영적 가난함으로
깨끗하게 되돌아가고픈
소망을 이루는 것

울지 말자

외줄기 가시 꽃 고독한 영혼에게
따스하게 손 한 번 내민 기억 없으니
이 외로움에 대해서는 울지 말자

허기진 배 쥐고 누워 잠든 사람에게
오므린 손 펼 줄 몰랐으니
이 배고픔에 대해서도 울지 말자

세상에 병이 없기를
세상이 정의롭기를
죄가 없고 슬픔이 없기를
상심이 없고 고통이 없기를

진심으로 기도해본 후에나
세상 험하고 야속하다며
눈물 흘려야지

삶

사노라면
불꽃처럼 살고 싶고
사노라면
바람처럼 살고도 싶고

사노라면
흐르는 물처럼 살고 싶고
깊디깊은 우림에
안개 되어 살고도 싶고

내 마음 오늘은
하늘 둥둥 떠가는
구름이나 되자 하네
바람 불면 흐르고
바람 멈추면 따라 쉬며
초연히 살자 하네

별과 나

내 눈빛 닿으면
유독 떼어지지 않는
별 하나 있다

외로워도 보이고
슬퍼도 보이고
다정한 듯하다가도
도도하게 보이기도 하는

공포의 화염구火炎球가 아닌
표정 있는 예쁜 눈동자

별이 나를 보고
내가 별을 보는
이 밤이 참 행복하구나

평화를 빕니다

내가 당신께 말하는 평화는
'사랑'입니다
'당신을 사랑합니다'라는 뜻입니다

내가 당신께 말하는 평화는
'축복'입니다
'당신을 축복합니다'라는 뜻입니다

내가 당신께 말하는 평화는
'기도'입니다
당신이 건강하고 행복하며
모든 일이 다 잘되기를 간절히 바라는
염원이 담겨 있습니다
'날마다 좋은 날 되소서!'로 매듭지은
기도입니다

평화를 빕니다
이제와 또한 영원히

까치밥에 대한 명상

새라고 다 까치밥을 먹을 수 있는 것은 아니다

꼭짓점에서 균형을 잡고
위태로울 땐 더 정신을 차리고
비워야 할 땐 즉각 비울 줄 알아야 하며
날아야 하는 순간 재빠르게 날개를 펴는
모든 감각을 피 흘리며 길들인 새들만이
마지막 까치밥의 깊고도 부드러운
단맛을 차지할 것이다

지천에 깔린 사랑
모두가 달다고 덤벼들지만
완성하는 이 지극히 드물듯
새라고 다 까치밥을 먹을 수 있는 것은 아니다

물랑루즈 엘레지

몽마르뜨에서 초상화를 팔며
왕립 미술학교를 다니겠다던 내 친구
꿈을 이루었다면
지금쯤 파리의 어느 하늘 아래
멋쟁이 화가로 살고 있을 텐데
하이힐 소리 또각또각 들리는 내 기억 속에
스물두 살의 그녀는
지금도 이젤에 하얀 화포를 끼우고
물랑루즈의 풍차를 그린다

아베뉴 샹젤리제의 직선 같고
에펠탑처럼 쭉쭉 뻗은 다리
물광 흐르던 깜장 스커트 아래
살짝 비쳤다가 들어가고
다시 모습 내미는 장밋빛 란제리
그 매혹에 대한 나의 질투
또한 현재형이다

언덕진 엉덩이를 삐딱거리며
꿈을 좇아 불란서로 갔다는 풍문은 파다한데
소식 없는 이유를 물랑루즈는 알까?
수십 년의 그리움을 둘둘 말아
빌딩에 발 담그고 돌아가는 저 날개에 끼워주면
우리 사이 지나간 수십 년의 사연을 펼쳐줄까?
내 친구 중년으로 농익은 모습이 어떨지
오늘따라 무척 보고 싶다
이 사무치는 그리움 또한 세상 끝 날까지
현재형일 것이다

행복

 호스텔에서 중국 아가씨랑 한방에 사는 34살 노처녀 프리바는 파키스탄에 모든 가족을 두고 멜버른에서 카페 점원으로 일한다. 8년 전 조국을 떠나온 후 단 한 번도 고향엘 가지 못했다. 4년 전 방문한 여동생이 그간 본 유일한 가족인데 그 동생이 4년 만에 다시 온다고 프리바는 설렘과 기쁨으로 가득 차 지난 한 달이 내내 바빴다. 운 좋게 방 짝이 떠나 동생이랑 둘이 지내게 된 것이 좋아서 방을 청소하고 냉장고에 맛있는 음식을 채우고 침대보를 비롯한 침구류를 세탁하고 말쑥하게 다림질한 후 방을 꾸몄는데 공주 방 못지않다. 오늘이 여동생이 도착하는 날이다. 모든 준비를 완벽하게 마친 후 그녀가 울었다. 붉게 붉게 울었다. 그리고 이미 난 알고 있는데 흥건히 젖은 눈매로 나를 쳐다보며 프리바는 다시 말했다. "4년 …… 만 4년 만에 보는 동생이에요." 그녀는 8년간 못 본 부모님을 보는 것은 언감생심이라도 되는 양 아예 꿈조차 꾸지도 않는다. 4년마다 한 번 보는 동생, 살아 계셔도 8년간 못 보는 부모님, 그런 비애를 맛보지 않고 살아온 나는 그것이 얼마나 큰 행복인 줄을 그때는 몰랐다. 참으로 몰랐다.

뒤편의 빛

모든 것은
그대로 두면 어둠이야

너와 나도
그대로 두면 어둠이야

빛은
그림자를 만들지 않아
형체가 그늘을 드리울 뿐

빛이 닿으면
뒤편 생기는 그늘
우리 안에서 도망친
어둠이 아닐까?

너는 나의
나는 너의

뒤편의 빛이 되자
도망친 어둠 쫓지 말고
밝게 동화시키는

논길과 참개구리

너로 인해 나도 익나 보다
태풍 홍수 폭설에 농사 다 망쳐도
파고 후비며 가루를 만들어도
다 맡기는 삶이 아프도록
아름답구나

두렁마다 참개구리는
왜 저리도 시끄러울까
짝 찾는 울음이든 짝짓기가 좋아서든
난 하룻밤만 저리 펑펑 울고 나면
한 열흘은 꼼짝없이 몸져눕겠네

너를 닮은 듯
설움 익숙한 나의 날도 저무는구나

아, 세상 마지막 날에 나는
저 참개구리처럼

목 놓아 울고 싶지 않다
울더라도 누군가 나타나면
뚝, 울음 그치고
비겁하게 숨고 싶지 않다

숲의 샘

눈물 없인
추억할 수 없는 기억

물길 터지면
바람도 돌아 불더이다

함께 사는 거지요
숲은
무성해지고

소용돌이 일면
홍엽 몇 줌 띄우고

메아리마저 잠기면
잠시 잊힘이더이다

함께 사는 거지요

숲은
무성해지고

망각이 찾아오고
샘이 덮일 때까지

꽃차

다시
입맞춤으로 만나

내 안의
온 세상
그대 위해 풀었나니

그대
나를 살리
뜨거운 향 흐르는 강물로
살리

아, 이제는
달빛 때문에
목이 메고 입술이 타는 밤
다시는 없으리
별이여
꽃이여

꽃집에서 얻은 병

아, 이 꽃 엄청 예쁘다!
윽, 이건 영 아니다!
아, 이 꽃 빛깔이 죽이네?
윽, 향기가 왜 이래?
아무래도 비싼 것이 낫겠지?
아니, 이것도 꽃이라고 섞여 있네?

주인은 할 말을 잃었고
나는 왠지 불안해서 꽃집을 나왔다
사람들의 얼굴이 제대로 보이지 않는다
꽃집에서
고약한 바이러스가 옮은 것 같다

꽃보다 우리

꽃이 피기 전에
그대를 만나리

꽃이 피기 전에
내가 피고

꽃이 피기 전에
그대가 피고

꽃보다 먼저
우리가 함께 피어

꽃보다 환하게
천지를 밝히리

2부

길 위의 사랑

사랑이 나에게 말했네
나를 위하여 그대가
그대를 위하여 내가 존재하는 것이
아니라고

나는 알았네
나는 나를 위하여
그대는 그대를 위하여 존재하며
사랑은 사랑을 위하여
존재하고 있음을

우리는
모두 한 길 위에서
이리저리 묶고 묶이고
풀고 풀리며
외로이 살아가네

길이 끝날 때
나와 그대, 그리고 사랑이
한순간 흩어질지니
지금 여기에서 우리일 뿐이네

달이 뜨고, 나는 산이 되고 싶다

달이
하늘에서 내려오는 시간
산은
자신을 드러내고
또 한 번의
기다림을 완성한다

그림자 없는 몸에서
태고의 기를 내려
달은
산의
어느 한구석도 빠짐없이
어우르고 또 어우른다

한 번도
서로 섞지 않으면서
그렇게 수억 년

아니 그보다 더 오래
사랑해왔을 것이다

수억 년
아니 그보다 더 오래
우리는 사랑할 수 있을 것이다
내가 산이 되고
그대가 달이 된다면

지금은 가을입니다

주님,
이곳은 가을입니다
알찬 열매를 낸 굴참나무에서
갈잎이 떨어져 흩날리고

포도나무 획마다 쏟아지는
햇살 아래에서 농부가
기도하듯 손가락을 다 놀려
포도송이를 따고 있습니다

제 삶도
어느덧 가을입니다
바람이 불 때마다 우수수
많은 것들이 떨어집니다

주님,
저 생애도 축복하시어

추수 때가 이르면 열매를 맺고
알알이 단맛이 배게 하소서
당신께 영광이 되는 삶
허락해주십시오

나의 사상

세상 고요히 잠든 새벽 두 시
부스러기처럼 붙은 잠을 털고 일어나
고작 내가 깨달은 것이
나는 사상思想이 없다는 것

그래도 누군가 묻는다면
할 말은 있어

나는
바람꽃 흐드러진 언덕이고
정의定義도 탐스러움도 연연하지 않는
자유의 몸짓이고
어디든 뜨겁게 머물다가
흔적 없이 떠남을 즐거워하는
구름이고
바람이고
당신과 나 사이를 오락가락하는

보이지 않는 움직임이고
지어진 대로 살고자 함이고
90살 아이가 지닌 그 단순함이
병들지 않은 지금의 내가 지닌
사상이라고

돌아오지 않는 철새

그해 재갈매기들이
얼어붙은 공릉천의 차디찬 입김을 뚫고
치솟아 남으로 향했을 때
방향을 꺾어 무리를 벗어났던
한 마리가 꿈꾸던 곳은
먼먼 코스타리카였을 것 같다

눈부신 태양과 짙푸른 대양에
반사되어
실루엣마저 활기찼던 새의 몸짓을
거센 해풍마저 밀어주었으니
새는
수천 마리의 시야에서 빨리도 사라졌을 것이다

꿈을 찾아 떠난 한 마리도
틀에 묶여 움직였던 수천 마리들도
미지의 코스타리카를 날마다

혹은 적어도 몇 번은 동경했을 것이다

지쳐 추락한 재갈매기
대양을 둥둥 떠다니다 상어 밥이 되었으나
수천 마리 갈매기들의 기억에는
그 힘찬 날갯짓이 살아나고 또 살아나
떠오르는 해가 날마다 달라 보였을 것이다

해마다
철새들은 줄지 않은 숫자로 돌아오지만
꿈을 찾아 떠난 뒤
돌아오지 않는 철새도 있다

인내

너를 몰랐다면
삶의 이 깊은 맛 어찌 알았을까

참는다는 것이
고통만은 아님을 내가 알았을까

너를 몰랐다면
하늘이 웃는다는 것을 알았을까

나를 이기고 나니
바람의 목소리가 들리네
저 부드러운 소리
날마다 들리네

벙어리장갑

비호飛虎의 발톱질 같던
겨울 칼바람
펄럭일 때마다 떨어져
내 성긴 구석 찾아 더듬던
눈먼 쓸쓸함에 대하여
할 말이 참 많았지
얼어붙었던 입
안이 그나마 따스했기에
혀를 찔렀던 고드름
다 녹아
삼켰던 마지막 순간까지

소렌토, 사랑을 꿈꾸다

남자야
세상이 온통 사랑으로 붐비니
나도 나이를 잊고
뼈아픈 사랑에 빠지고 싶어졌다
태양이 이글거려
세상의 모든 눈이 감겼을 때
예쁘게 예쁘게
남자야 너와 남몰래 사랑에 빠지고 싶다
기슭 저편
나는 그늘진 바위굴에 잠든 물
남자는 해를 안고 지나가는 바람
나는 남자와 이생이 지기 전에
죽어도 좋을 사랑에 병들고 싶다
만나면 섞이고 비비다 쓰러져
뼈란 뼈들이 우르르 쓰러져
설령 물 위의 주검 되어 떠다닐지라도
그늘진 바위굴에 잠든 물은

해를 안은 바람과 사랑을 하고 싶다
바다 한가운데 한몸의 탑을 세우는
해도 해도 이루지 못할 사랑
남자야 너와의 마지막 사랑은
슬프도록 고귀한 영원이고 싶다

은하도 銀河圖

꿈결에 문득 들린 그대 음성에
선잠에서 깨어나 꼭두새벽까지
별만 잔뜩 그렸습니다

마음과 사랑이 오가는 데
무슨 다리가 필요하겠습니까마는
그리고 보니
끝과 끝이 아득한 다리 하나 나타났고
다리를 보자니
먼먼 저 끝에 그대 나타나 아른거렸고
그대 모습 보자니
뜨거운 한숨만 쏟아집니다

그리움이 별 같아서
새벽부터 일어나 별만 잔뜩 그렸습니다
근사한 다리 하나
그대와 나 사이에 나타나 반짝이지만

별과 별 사이가 하도 멀어
이 다리는 없음이
차라리 더 나을 것 같습니다

빛고을의 야생화

꽃들이 어찌 피를 알랴
생피의 맛을 알랴
인육을 알랴
선혈 굳어가는 생육의 맛을 알랴

뿌리 내려 번지는 곳에 묻힌 것이 무엇이며
부딪치는 것이 무엇인지를 알았으랴
때가 되었기에
산에 들에 숱한 꽃으로 피어났고
숱한 씨로 뿌리로 번져간 거지

그 5월의 야생화들
씨와 뿌리를 남겨 꽃이 피고 지고
해마다 더 넓게 더 강하게
꽃이 또 피고 지고

그해 5월 몇 날 동안

거룩한 살과 피를 먹고 자란
야생화의 후손들
오늘도
눈물겹도록 환하게 피어나
빛고을이 온통 꽃밭이다
더 빛날 수 없는 역사가 피었다

감각을 자극하는 사진

쌓여 있는 수백 권의
책 무덤이 찍힌 이 사진은 냄새가 난다
향긋하다
꽃 향유 배초향이 나고
회향 솔향이 나고
모르는 남자의 페르몬향도 풍긴다

이 사진은 소리도 난다
여자 남자아이 노인의 소리
군중의 소리
전쟁의 소리 평화의 소리
백년설이 반짝이는 남미의 산바위 끝에
깃털 옷을 입은 한 남자가 구슬피 부는
팬플루트 소리가 난다
협곡을 휘익휘익 도는 콘도르의 날개가
허공을 내리치는 소리도 들린다

이 사진은 별것이 다 보인다
알 수 없는 애절한 눈들이 보이고
사이사이 눌려서도 몸부림치며
한마디라도 하고자 애쓰는 책들의 입이 보인다
나는 후각 청각 시각을 모두 열어놓고
사진을 본다

순식간에 책 무덤이 시끄러워진다
'나는 세계에서 둘째가라면 서러울 베스트셀러였어'
'21세기를 풍미했던 예술가는 다 내게 있어'
'난 수 세기 동안 천재들을 놀라게 한 이론을 다 알아'
이 사진이 나를 미치게 하는 것 같다
아니 이 사진에 내가 미친 것 같다

강남달

어머니,
당신 보고파 올려다본
밤하늘의 달은 모두가
강남달입니다

건천국민학교로 전근 오신
스물일곱 미남 선생님과 중매 들어오니
그 얼굴 못내 궁금해서
열일곱 어머니 몰래몰래 학교 담 너머
아버지 얼굴 훔쳐보셨다던 그 설렘에
제가 다 수줍어지는 강남달입니다

부잣집 종녀, 가난한 선비 집에 시집와
딸 아들 둘씩 낳으시고
찌든 살림에도 밝은 천성으로 부르셨던
강남달이
낮에는 낮달로 밤에는 밝은 달로

딸의 가슴에 휘영청 솟아올라
힘든 성장기에 마음만은 늘 따뜻했다면
천국에서도 행복하실는지요?

어머니
당신 그리워 올려다본
밤하늘의 달은 모두가 강남달입니다

사랑하는 딸 꼭 보고 떠나시려
마지막 숨결 죽을힘 다해 아끼셨다가
바다 넘어 도착한 딸 저녁에 보시고
이튿날 이른 아침 눈감으신 어머니
그 장렬한 최후 의지가 내내 제 마음을 흔들어
힘들 때나 외로울 때 올려다보면
언제나 활력을 주는 강남달
제 몸을 돌고 돌며 날마다 떠오르는
바로 당신이십니다

빗물 속에 핀 고독

여기는 가을 그곳은 봄
넌 꽃이 만발하고 햇살 따스한데
난 연일 춥고 비바람만 을씨년스럽다

낙엽송 우거진 공원을 걷는데
자꾸 발이 잠긴다
젖은 홍엽 황엽들이 달라붙어
두 발이 시리다
고독이 시리다

아픈 과거는 반드시 잊어야 하는가
아니지, 지금은 아픈 과거만큼
제격인 것도 없으리

삶아, 너는 내가 다루는 것이지
네가 나를 흔들어서는 안 되지
그러나 지금은 나란히
이 비 오는 가을을 함께 걷자

밤바다에서

달이라는
섬의 외로움이
아름답고

물에 뜬
섬의 외로움이
아름답습니다

외로워서
빛나는
저 아름다움
달게 벗기는

나는
참 잔인한
섬입니다

중보 기도

때 묻은
얼굴이
좋은 곳을 봅니다

사람이여
그대 기도의 발이
머리 위에 오르고
그 머리 위에
또 다른 발이
포개지고 포개져
탑이 되나 봅니다

추했던 영
거탑의
한 오르막에서
하늘 빛과 점점
닮아감을
느낍니다

3부

바람꽃

당신과 내가 이어져
바람꽃으로 피어난 하늘에
동그라미를 그립니다

사랑은 흔드는 것
모질게 흔들고 지나가는 것

끊어지고 풀어지고
흔적 없이 사라져도
둥글게 둥글게 그리는
나의 의미
하늘은 알겠지요

무르익은 계절
붉은 물든 가슴
여기서도 터지고
저기서도 터지는데

전설은 아니 되겠지요
신화도 아니 되겠지요

연緣

지난날 지난 사연들이 꽃 중의 꽃인들
당신과 나 하나 된 이 순간만 하오리까

단상

해가
황금빛 새벽을 깨울 때
그 찬란함에 온몸이 감탄할 때
믿음이 없어도 한 번쯤은
하늘에 감사할 만하지 않은가
나의 하루가 밝았음에

빛바랜 해가
먼 지평에서 떠난 자리
그 여명이 쓸쓸할 때
나만 믿고 달려온 삶일지언정
뒤돌아 한 번쯤은
속죄할 만하지 않은가

우리에게 어떤 복이 있어
죽음을 사전에 통보받을 것이며
아름다운 이별을 위한
준비 기간을 허락받을 것인가

빈 나룻배

강둑에
마른 나룻배 놀고 있어
타고 누웠더니
담겨 있던 햇살이 우르르 달려들었다

해의 온기에
저절로 감긴 두 눈이
어디에서 노를 쥔 사람을 데려왔다

노를 저어 저어
우리는
구름도 막지 못하는 하늘 여기저기를
휘젓고 다녔다

눈 아래 세상살이는
뒤집어져도 잘도 돌아갔고
나를 태운 나룻배도 멋지게 떠다녔다

거꾸로 매달려서

나의 세상이 있고
노를 쥔 사람의 세상이 있고
아득한 눈 아래
뒤집어져도
거꾸로 매달려서도
치고 부딪히며 잘 사는 세상

삶이 곧 꿈인 것 같다

복음 환호송

저 아리따운 동안童顏들이
붉은 수단과 덧입은 중백의 위에
공손하게 두 손으로 악보를 받들고
주님, 당신께 환영의 노래 부릅니다
정성을 다하고 온 힘을 다하여
새 예루살렘의 천사들처럼
곱게 곱게 부르는 복음 환호송
주님, 저 곡 따라 당신은 오고 계시나요?
하느님의 외아들, 주 예수그리스도
지금 여기에 말씀 되어 오시는데
그 기쁨 우리가 노래할 수밖에요
분향은 창세기의 안개처럼 성전을 감돌고
마음과 마음이 하나 되어
하늘과 땅에 가득 찬 영광을,
주님의 이름으로 오시는
높은 곳의 당신께 찬미 바칩니다
알렐루야, 알렐루야!

홍매에 입술을 대다

고운 빛
아직 저렇듯 뜨거운데
한 잎 한 잎 서둘러
꽃비늘이 지는 이유를 모르겠다
해가 다가와 네가 떠난다면
그리운 여름도 좋은 줄을 모르겠다

두 귀를 열었다
너의 향은 귀로 듣는 것이라

아, 비련의 날갯짓
눈썹 끝에 녹두알만 한
눈물, 콧등을 구르는 아쉬움
내 등을 밀어붙이니
저항 한 번 못 하고 나는
홍매에 입술을 댄다

어머니 꿈

미루나무 긴긴 두 줄
하늘 찌르는
건천乾川 송선리 자갈길을
내 어머니 타박타박 걸어가신다
아가의 조막손 같은 잎사귀들
손 흔들며 말려도
어머니 못 보시고
그림자 달라붙은 단석산 등지시고
타박타박 멀어지는 길
마른 내 대낮 뙤약볕이 눈부셔
세상이 온통 하얗게만 보이고
현기증에 어질어질 비틀대도
송선리 자갈길에 불현듯 나타나신
어머니 뒷모습 하도 현생 같아서
타는 자갈길을 정신없이
달렸네

장대비

내 마음이 빗속에서
한 사람을 찾아다닌다
한 곳만 향하여
모든 것을 걸었다가
혼자 되어 되돌아온 내 마음
거울 보듯
나를 닮은 외눈박이 마음 하나
찾아 헤맨다
그저 한 곳만을 찌르며
주룩주룩 내리는
저 장대비를 닮아서
오직 나에게만
그의 마음을 꽂는 사람
그 한 사람이 꿈이 되는
아침이다

홀씨야 홀씨야 민들레 홀씨야

몽롱한 세상에서
잠들려 했을 때
너를 붕 띄워 돌리고 또 돌려
낯선 땅에 떨어뜨린 것은
바람이다

날개는 없지만
그래도 생명인데
세상은 너를 비켜 지나갔고

살아온 날들의 기억을 모아
너라고 왜
집 한 채 짓고 싶지 않았으랴만
너를 위한 영지는
처음부터 없었다

바람을 모르고

세상사 모르면
너의 생은 한갓 불행이고 고행이나

너야말로
세상이 배워야 할 진정한 자유임을
너를 볼 때
나는 깨닫느니

그때 새가 죽어

그때 새 한 마리 죽었다
죽어서 새는
작은 아이 안에 묻혔다

작은 아이는
세상에는 어두운 아침이 있으며
밝은 어둠이 있다는 것을 배웠다

새의 깃은
감성의 붓이 되고
한 점 말랐던 핏물은
동동 가슴 파고들어
강 한 줄기 되었다

그때 새가 죽어
한 사람을 만들었다
일출의 밝음도 일몰의 어둠도

결국은 한 줄로 이어져 있으며
미움도 사랑도
모든 다름이 한 선에 달려 있음을
새의 눈으로 볼 줄 아는

봄 엽서

봄이야
몸 풀고 약속한 삼칠 다 보낸
씨받이 여인의 속울음 닮은 북풍이
까치밥 하나 떨구지 못해
날日을 잊고 머뭇거리더니
기어이는
개나리 꽃바람에 쫓겨 간 후
쌍계사 십 리 벚나무마다
저 죽는 줄 모르고 만발한
벚꽃들
내 가슴에 불을 지르고 있어
봄은 봄이야

등대

언제든
그대 눈에 내 한 몸
칠흑을 입고 깜깜해 보이거든
그대는
번쩍이는 긴 칼의
날카롭고 빠른 놀림으로
나를 뚫어다오
빛, 불꽃이 타오르는
그 서슬에
나, 끝끝내 매달려
어둠의 씨앗마저 태워버릴지니
죽음에서 벗어나
생명을 찾으리라

백야白夜

내 이름 지워진 앞마당에
무명 달 표시 없이 다가와
내 몸 웅크린 그림자마저 걷어 가네

속진俗塵

발 닿는 곳마다 먼지 없는 곳 없더니
세상 안 모든 곳을 넘나드는 내 생각
생각 안의 끓임없이 솟아나는 욕망
앞길 방해하는 속진, 어떻게 털어내지?

단정하게 죽은 나무

정원 한쪽에
단정하게 죽은 나무 한 그루
서 있다
봄이 와도
초록 잉크 묻은 만년필촉만 한
새순 하나 못 피워 올려도
선 자세가 나보다 더 꼿꼿한 나무
세상사
더러운 이야기만 들리는 날은
단정하게 죽은 나무에게
자꾸 눈길이 간다
내 눈길 닿으면
흔적뿐인 눈이 있던 자리에서
파릇파릇 새순 닮은
작은 손가락 하나 튀어나와
내 가슴에 글을 쓴다

'어느 날짜 어느 시각
그날 그 시각은 나의 마지막 순간
단정하게 떠날 수 있기를……'

단정하게 죽은 나무는
죽어서도 내 마음에 새순을 피운다

베들레헴 구유와 가시고기

베들레헴이 '빵 가게'란 말이래요
구유는 먹이통
생명의 빵, 예수님께서
빵 가게의 먹이통에 누워 계심은
묘하기도 하지요
가시고기가 생각납니다
그 고기, 새끼에게 자기 몸 다 먹이고
끝내 죽는답니다
세상 아버지 중에 예수님만 한
아버지가 또 있을까요?
생명을 주시고
도움의 영을 보내주시고,
지금 이 순간도
세상 곳곳에서 빵이 되시어
자식들을 먹이시지요
오늘은 제대에서
베들레헴의 구유가 보이네요

'나를 먹고 천국을 살라' 시는
가시뿐인 저 손짓에 눈물이 나네요

섬진강의 달빛

말없이 바라만 볼 일이다
세상이 춤을 출 때에는

저마다 몸 흔들면
누구를 위한 춤이런가

달빛이 강물을 입는다
나는
달빛 물 든 평화의 비단 자락
온몸으로 입는다

말없이 돌아설 일이다
세상이 시끄러울 때에는

섬진강 달빛 아래 서서
나는
오래 쌓아온 나의 묵언들을

자는 듯 흘러가는 저 빛나는 강
큰 뿌리 아래 심을 일이다

기분 전환

우울할 때는
우울감을 즐기는 것도 좋지만
너무 오래 머물지는 않는 거야

뒤돌아보면 행복했던 날도 많았잖아?
그날 그 순간을 꺼내봐

때와 먼지는 추억도 싫어하지

소리 내어 크게 웃어도 주고
예쁘다고 쓰다듬어 줘봐
그 사랑의 흐름이 어딘가에서
활력으로 변해 너에게 되돌아오고
너는 다시 행복해질 거야

오늘은 우리 과거로 돌아가 볼까?
긴 세월의 때와 먼지를 닦아내며
밝고 크게 웃어볼까?

4부

새벽 강

그대 맑음에
눈 먼저 씻은 후
보이지 않는 또 하나의
나를 맡기네

동이 트면
그대 따스한 흐름 따라
몰려다니는 새벽안개
한 올 한 올
피어오르는 사랑
풀어져 나를 휘감으면
길은
거기에서 시작하고

하늘은
통곡할 때나 보는 곳으로 알던
가슴 없는 사람 하나

미소 띤 손끝으로
그대 흐르는 몸에 남기는
한 줄

아, 세상도 당신처럼
모서리가 없었으면……

늦가을

흔들리는 것이
아름다워요
주인 없는 야생화가 더 예쁘고요
사랑도 야성이 좋아요
하늘과 땅이 다 여백인데
막힘없는 시간을 즐기세요
새장에 새가 있나요?
풀어줘야지요
내게 있는 것 가운데
한두 가지 정도는 날려버린 후
가슴은 비고 눈이 깊은 사람이
사랑스러워 보이는
늦가을이에요

봄, 고향에 가고 싶네

내 고향 경주는 봄이 아름답지
춘삼월 따스함에 천지가 꿈틀대면
숨었던 초근 종자 부지런히 제 몸 털어
온 세상 보란 듯이 초록 물을 치고

대릉원 고군분 봉황대 덮으며
파릇파릇 살아나는 새 잔디 새 물결
천년 솔숲 계림에서 뻗어가는 새 기운
삶이 따로 없고 죽음이 따로 없지

벚꽃 유채꽃 눈 시린 봄의 축제
옛것과 새것의 뗄 수 없는 상생이
눈물겹도록 그립고 보고파서
봄이면 봄마다 고향에 가고 싶네

편백나무 숲에서

몸살 앓듯
굽이굽이 흐르는 강에
두 눈 먼저 꽂히듯

굴곡 많은 생이
더 아름답고 빛난다며
당신도
귀한 한 표 던지시는지요?

행복했던 시간보다
켜켜이 눌려 있던
아픔 먼저 떠올라
발목이 잡힙니다

그윽한
석화石花강 한 줄기
내 안에 여시고

돌 같은 세월
마디마디 박힌 한恨
다 풀어주심도 고마운데

차마 내놓기도 부끄러운
깊고 험한 상처마저
꽃으로 받으시고
향기로 감싸주시니
이 몸
당신 안에 더 머무를 수밖에요

금단禁斷의 연가

나는 소금밭
당신은 비구름

나는 이 한 몸
물이 마르고 피가 마르고
뼈 마디마디 부서져 가루 되어
백골난망 녹아드는 연정을
대명천지 부끄럼 모른 채
드러내고 누웠으되

당신은
날 사모하는 마음
물과 끓는 피로 부풀다
홀로 터질지언정
날 찾으시면 아니 됩니다

나는 소금밭

당신은 비구름
어둠 속 바닥까지 내려오는
흠뻑 젖은 당신 몸의
유유한 느낌
울음도 애 마르는 숱한 밤을
한없이 떨다가 지새울
뿐입니다

방황 보내며

비 내리고
그린즈버러행 열차가 출발한다
나는 젖은 지붕 한 곳에
이젠 빛도 명분도 없는
내 방황을 실었다
방황이여, 애틋했던 사랑이여
이 작별을 용서하시게!
저항하지 않는 방황, 눈이 감긴다
언젠가 한 멋진 사자使者 날 찾아와
이제 이승 떠나자 하면
나도 저렇듯 순명하리라
방황이여!
그대 먼저 떠나는 우리 마지막 날에
비가 내리네

들꽃

잡초 덮인
외진 길 걷다가
누구도 눈길 주지 않았을
숨어 핀 들꽃 한 송이 밟았어요
짙은 꽃향
즉시 풍겨 코끝에 감도니
뭉개진 꽃자리 다시 보게 되었지요
그제야
이런 생각 뒤늦게 했습니다
저 들꽃 세상에 피었던 이유가
오직 나를 위해서구나
그때부터 내 안에
죽지 않는 들꽃 한 송이
피어 있습니다

김 여사의 이론

김 여사의 신혼 때 꿈이
신랑이랑 아이랑 오손도손 살아가는
행복이었대

신랑이랑 딸이랑 오손도손 행복할 때
전공 살린다며 남 손에 애 맡기고
세월 다 보내고 나니
딸은 떠나고 남편은 남 같다네
행복을 주고 푼돈을 산 것 같대

시집간 딸에게
애 낳으면 꼭 집에서 살림하며
가족이 오손도손 살며
행복할 때 행복을 누리라고 당부했대

행복은
찾는 것이 아니라 지금 있는 것을
누리는 것이라고 했대

거미

인생,
참 부질없다며
당신이 집어 던진
막대기 하나에
밤새워 피 말리며
온몸 놀려 짜낸
내 생명 줄
터지고 엉켜
나는 추락합니다
그 인생 부질없는데
나에게 주고
당신도 거미 되어
죽으라고!
    죽으라고!
        죽으라고!

한번 살아보실래요?

에밀레 연가

하늘 밝음이
먼 데서부터 사라질 때
차가운 공허
깊디깊은 어딘가에
집 떠난 새 한 마리
돌아올세라
스스로 타는
노을 새겨진 운판 되어
시절도 없이 웁니다

목어도 잠든 시간
어두운 저편 어딘가에
구름 한쪽의 애끓는 떨림이
가슴 덮은 깃 하나 흔들어
차마 못 잊을 오색 봉황
돌아올세라
달빛 손잡고

먼 새벽 기다리는
에밀레 에밀레

당일 여행

자, 출발하자
이글이글 타오르는 태양
어제보다 더 빛나는 얼굴에
알알이 기대가 맺힌다

발길 닿는 모든 곳을 즐기고
눈길 닿는 모든 곳을 기뻐하는
길을 나서자

경쾌한 새소리 심장이 유희한다
앞서 가는 바람에 희망이 춤춘다
손바닥에 새기는 외로움일랑
더 뜨겁게 검쥐고

오늘의 삶 속으로 신 나게
떠나자

접부채, 산자고가 그려진

그 밤,
풍막으로 펼쳐주어
가슴속
야화가 타는 불씨
꺼질 줄 모르고 번져갔고
투명한 명경에
산자고 하얀 꽃잎
결 따라 맺히는 이슬
점점이 떨어져
부챗살도 마다 않고
젖어가더이다

하늘 가자

여름비 한바탕 시끄럽게 지나가고
강 위에 쪽빛 하늘 환하게 열렸다
마음 둔 곳 없이 모래 위를 걷다가
발에게 말했지 "우리도 하늘 가자"

은모래 사이사이 부서지는 햇볕
발등을 올라타며 뜨겁게 묻는다
"어디로 가면 하늘 가는 길이 있지?"
내 눈 깊은 곳이 파아랗게 웃는다

해당화

오이도에서
첫눈에 마음 빼앗겨
사랑에 빠졌지

거칠고 짠 갯바람
향방 없이 불어닥치는
척박한 바닷가에서도
장미로 피어 살아가는데

따뜻한 세상에서
꽃 한 송이로 사는 것이
뭣이 그리 힘드냐며

5월 땡볕 아래
피 토하듯 획획
붉은 꽃잎 집어 던지던
해당화

Blessed is my heart
−To Fr. Francis Xavier Kim

Life is brilliant

Through you

With you

In you

Blessed is my heart

Touched by the spirit

Of love

In you

5부

회향懷鄕의 노래 1
−겨울, 아침 아홉 시

걸어야 할
마지막 한 길은
떠나온 그곳으로 돌아가는 것

아침 아홉 시
있는 곳이 어디쯤인지 모르고
나는 오후에 입을
여섯 개의 단추가 달린
하얀 상의를 다림질한다

밤새 내린 비는
저 혼자 내리지 않았다며
앞마당에
목 똑똑 부러진 동백꽃
붉은 비애
여기저기 흩어놓았고

나는
운명도 없고 절망도 없다며
상심의 나무를 향해 중얼거리고
생명과 향기의 죽은 미소
소복한 앞마당을 쓸었다

회향懷鄕의 노래 2
– 고향 없는 사람들

30여 년 전 안동댐이 생기면서
정든 터전을 수장한 사람들의
피멍 든 아픔 지울 수 없는 추억
어울려 생긴 무리

동계수를 사랑하는 모임
분천바위 사람들
부포동 주민회
폐교 대동 26회 동기
기타……

저마다
깊게 팬 동굴 하나씩 안고 살며
별처럼 흩어졌다 별처럼 만났고
술에 취하고
아물지 않는 애환에 취했다

취하면
쏟아지고 또 쏟아내는 것은
허망한 인생과
끝 날에는 꼭 돌아가고픈 고향
그러나 없는

그 뜨거움
횃불처럼 활활 타오를 때
가끔 보였다
안동댐, 공포의 수심이 갈라지고
없다고 믿었던 고향이
툭툭 물기를 털며 걸어 나오는
아프고 허무한 환영幻影

회향懷鄕의 노래 3
- 겨울 18時, 도시의 그늘에서

해가
도시의 눈높이에서 떨어질 때
하루 일을 마치고
겨울이 흐르는 하안선을 따라
집으로 간다
노동은 충실했고 후회도 없건만
빈손
근원 모를 허무
배고픔이 짓눌린다

욕망의
멈추지 않는 피리 소리
채워지지 않는 빈 잔
깨부수면 이 허기 사라질까

유혹은
그리운 본향의 길 찾는

퍼즐의 마지막 한 조각!
내 등에 업혀 사는 긴 허탈
목마름의 끝이 기다리는

겨울 18時, 도시의 그늘에서
나는 나에게 말한다
해가 눈높이에서 힘없이 하강할 때
너는 입에서 불쑥 튀어나오는
단 한 쪽의 푸념이라도 우습게 대하거나
쓸데없다고 생각지 마라

회향懷鄕의 노래 4
−느티나무 이야기

 오봉산 기슭에서 수령 500년 된 고사목 뿌리를 뽑아 탁자를 만든 적이 있다. 모든 작업은 순조로웠는데 뿌리를 뽑는 일이 이만저만 힘들지 않았다. 얽히고설킨 뿌리와 흙의 한몸이 어찌나 치밀하고 단단하게 굳어 있던지 장정 여럿의 노동이 한마디로 치열한 전쟁이었다. 도중에 포기하자는 말도 여러 번 나왔지만 몇 날 며칠 후 위압적인 크기의 뿌리가 모습을 드러냈다. 힘들게 힘들게 흙을 떼고 보니 뿌리 사이사이 돌덩어리가 여기저기 박혀 있었다. 작은 것들은 틈새로 빼내거나 부수어 없앨 수 있었지만, 어른의 머리 두 개만 한 돌 하나는 살이 터진 뿌리와 뿌리들로 휘휘 감겨 맞붙은지라 없앨 방도가 없어 그대로 가공하여 천신만고 끝에 지름이 두 자가 훨씬 넘는 큼직한 돌심 박힌 아름다운 괴목 탁자가 완성되었다.

 너는 나에게
 나는 너에게
 절망의 깜깜한 밤이 아니다

흔들어
향기만 뺏고 홀연히 달아나는
야속한 바람도 아니다
너와 나는
나무가 만났던 숱한 만남 중에
뿌리와 흙이고
뿌리와 바위이다
얽히고설키며 단단하게 굳어
스스로 풀 수 없고
그 어떤 손도 갈라놓을 수 없는
하나이다

회향懷鄕의 노래 5
-닉 부이치치

   머리 붙은 몸통 하나로 하느님의 영광을 위해 살아가는 닉 부이치치는 천상 사람이 분명하다. 흠 없는 육신, 추켜올린 양팔로 통회와 통성의 기도를 하고, 무릎 꿇고 날마다 신앙을 고백해도 나는 그의 믿음 앞에서 내보일 것이 없다. 마른 펜으로 그의 이름만 써도 '너는 내 사랑하는 아들, 내 마음에 드는 아들이다'라는 하느님의 음성이 들리고, 고개 떨구는 내 그늘진 나는 고백한다, '아버지, 제가 하늘과 아버지께 죄를 지었습니다.' 하늘이 보내주신 천국의 사자, 닉 부이치치!

회향懷鄕의 노래 6
−밝은 빛, 나의 님!

  밤새 허기진 배를 채울 밥 담던 주걱 손 멈추고, 유리창에 비치는 빛, 눈부신 아침 햇살로 뜬금없이 눈길이 옮겨진다. 아, 밝은 빛, 나의 님! 어쩐 일일까? 이 아침은 내가 손가락 하나로 너에게, 우리가 잃어버린 땅, 그립고 그리운 본향이 어디쯤인지를, 아주 정확하게 가리켜줄 수 있을 것만 같다.

회향懷鄕의 노래 7
−순례자

 네가 있어도 나는 나의 길을 가고, 내가 있어도 너는 너의 길을 걷고, 우리는 수풀로 우거진 사람과 사람 사이의 고독. 나란히, 그러나 혼자 걷는 여행에서 너와 내가 서로 나누는 예쁜 미소는 사랑. 고독과 사랑 사이에 달콤한 어둠이 있고, 오늘도 나의 순례는 너를 두고도 고독한 내가 절망과 눈물의 어둠 한가운데를 거슬러 사랑을 걷는 것.

회향懷鄉의 노래 8
−이방인異邦人

꽃 지고 잎 지고
꽃과 잎을 피운 뿌리도 지고
너와 나의 세월도 날마다 지고

하늘에는 밤낮없이 유성이 지고
지금 너와 내가 서 있는 별 또한 떠돌다
언젠가 지리니, 그 최후의 별똥별
지켜볼 육안조차 여기에 없으리라.

너는 아느냐?
너와 내가 나그네 옷을 벗는 날
따스한 입김같이 모습을 바꾸고
돌아갈 곳은 있되
돌아올 땅이란 없다는 사실을

별 하나, 이 밤도 나그네 길 마치고
하늘에서 진다.

숲

숲은
내가 가면 언제나
후덕하게 나이 든 노인처럼
흙과 풀과 꽃과 나무
가진 모든 것의 향기를 풀어
반가이 맞아준다
왜 내 땅에 들어왔느냐며
부러진 잔가지 하나 던지지 않는다

숲은
예쁘게 차려입고 찾아가도
마음만 앓아온 숫기 없는 총각처럼
자기 안의 꽃이 되어달라며
가슴 열 줄도 모른다

숲은
내가 떠날 때

가지 말라 잡지도 못하고
애원의 말은 더 못 하고
움직일 수 없는 큰 가슴이
떨면서 울 때
내 등 뒤에서는 항상 바람이 분다

바람 따라 한 잎 또 한 잎
떨어지는 낙엽
홀로 남은 숲의 눈물이다

창세기

 아벨을 죽인 카인의 영이 네 핏속까지 내려와 네가 형제와 사람을 미워하지. 아담과 하와가 에덴에서 쫓겨났을 때, 그 정신적 불안이 네 유전자에 붙어서 네가 항상 터와 물질에 대한 애착에 숨소리가 거친 거야. 선악과의 신비한 효험이 네 의식에까지 이어와 벗은 몸은 늘 터부이고, 어두운 곳이라면 어디든 벗고픈 욕망이 혀까지 올라붙어 너는 침도 없는 목구멍을 꼴깍대지. "너 어디 있느냐?"는 하느님 음성에 가슴 조였던 순간의 기억은 대인관계에서 불안과 불편으로 재생되고, 영원히 산다는 뱀의 달콤한 속임수에 넘어간 후부터 의심이 생겼으며, 아담을 쓰러뜨린 상큼했던 유혹의 추억 때문에 이성 앞에서 늘 고개 드는 요염함. 에덴에 있는 모든 것은 다 가질지라도 단 한 가지, 동산 한가운데 선악과만은 건드리지 말라는 엄명을 받고도 하느님 높이에서 영원을 누리리란 교만에 부풀어 불순종했다가 결국 삶은 어둡고 힘들어지고 죽음까지 물려받았으니, 넌 항상 마음에 이런 생각을 품지. '도대체 백 가지도 아니고 열 가지도 아니고 딱 한

가지 하지 말라는 것을, 그 딱 한 가지를 왜 못 지켜서, 우리가 이렇게 고난을 겪으며 일회성의 삶을 살아야 하는가!' 그리고 잠들지 않는 바람처럼 늘 네 잘못도 아닌데 에덴을 살지 못함이 그렇게 억울하고, 서럽고, 이 삶은 눈물 마를 날이 없는 거지.

네 인생은 창세기의 초상화를 앞에 두고 너를 맞추어 가는 작업이야.

새벽빛

나목들이
이 차가운 날에도 잎 하나 없이
치부를 다 드러내고
줄줄이 서 있다 말하지만
저 모순만이 혹한을 살아남기 위한
그들의 법인 것을

삶에도 혹한이 찾아오면
보내고 싶지 않아도
키워온 모든 것들
우수수 훑듯이 뜯어 날리고
숱한 가지 풍성한 모양새도
미련 없이 던져야 하지

어제와 같은 아침
오늘도 밝았다 말하나
이 아침은

어느 한 가지도
어제와 같지 않으리

답도 길도 없어 뵈고
절규만 공허하게 가라앉는 여백
온몸 속속 다 드러낸 치욕
그러나 그것이 종점이 아닌 것을

안쓰러이 벗은 나목들 가운데
가장 많이 버린 나무가
가장 빨리 새순을 피우더라

슈퍼문

부모님, 오늘 밤
슈퍼문이 뜬답니다
휘영청 달 솟으면
달만 보고 서 있을게요
하늘 어디쯤
슈퍼문이 지나가면
달 같은 우리 딸
머리끝부터 발끝까지
환히 잘 보셨다며
달 속에서 크게 한번
웃어주세요

광합성 체질

요 며칠 비 내렸다고
또 어두워져서
생과 사, 온갖 허무함이
빨간 독버섯처럼 번지네

다시 못 볼 먼 길
어머니 떠나보냈던
장성 대밭 여기저기
회칼 같은 죽순 끝이
땅을 뚫고 솟아 있겠다

어머니, 우리 만날 날 또 있을까요?

비도 오래면
내리는 독이고
혼이 젖고 의지가 젖고
활력마저 젖어 벗겨지네

당신의 법

온 생명
고요히 잠들고
세상의 밤은 평화입니다

눈 감고
의식을 고르니
내 안의 혼탁도 자리를 찾습니다

윗물부터 서서히 맑아진 영靈
바닥까지 드러날 때
보이는 것, 당신 향한
흠 많고 부족한 나의 사랑

이것뿐이에요
고작 여기까지네요

창 열고

활짝 열린 마음 하늘에 보이나
침묵 속에서
별만 총총 빛날 뿐입니다

저 반짝이는 점자 안에
조곤조곤 들리는 당신의 목소리
이 밤도 저 빛 해독함이
나의 행복입니다

당신은 사랑이십니다
이 순간도 끊임없이 태어나는 사랑의
영원한 근원이십니다

매미가 떠났다
-연화장의 추억

가볍게
봄날 아지랑이처럼 떠났다

긴 햇살
잔인하게 통과하는 허물 같던 일생이
문 없는 방을 굴러다닌다
낯선 사람의 입과 입에서 나와

교차로에서
뒤집어진 채 굳어 있던
자기 몸이 활활
벽 뒤에서 타는 동안

영정은 웃고 있다
평생을 껄껄껄 즐겁게 살아온 듯
편안하게 웃고 있다
내가 저 노인을 아는데

자작나무의 창백한 껍질을 닮은
거칠디거친 주름살은
넘고 나면 다시 오고
보내고 나면 또 쳐들어오던
삶의 폭력적 파랑이었음을
내가 아는데

노인의 고독을 지켰던 수병과
지도의 한 점처럼 달라붙어
행여 어떤 손이 뜯어나 갈세라 떨었던
빈민촌 한 자리의 가난을 지킨
복병이 누구인지를 아는 것이
나의 수치스런 비통이다

남몰래 맴맴거렸던 소란함도
폭염보다 더 뜨거웠던 비애도
손에 손 잡고 함께 소각되는 듯

불소리 한번 시끄럽더니

천지가 고요해졌다
목이 터져라 쉴 새 없이 울어도
보란 듯 잘 돌아가던 세상의 침묵처럼

매미가 떠났다
텅 빈 가을날 섬뜩한 찬 기운을 남기고
벗어나니
차라리 행복하다는 듯
활짝 웃는 주름투성이 영정 한 장
남기고

아침 산책

어디쯤 비가 내렸는지
먹구름 갈라지고 쏟아진 몇 줄기 빛
닿는 곳에만
잔디는 초록 본색이
라벤더는 밝은 보라색이
금잔화는 더 빛나는 주황색이 되살아났다

눈물 몇 방울 흘렸을 뿐인데
내 안에서도
어둠이 갈라지고 스며든
몇 줄기 빛 닿는 곳에서부터
밝아지고 활기가 샘솟았다

비는 천지의 축복이요
눈물은 인간에게 축복임을
또 한 번 깨달았던 아침 산책

| 해설 |

신앙을 바탕으로 한 중도적 삶의 철학

박호영　**시인·문학평론가**

1

　시 쓰기의 긍정적 기능 중의 하나는 자기위안과 그로부터 오는 자기만족이다. 한 편의 시를 완성했을 때 따르는 희열은 시를 직접 써보지 않은 사람은 모른다. 더구나 시를 통해 자기 존재의 정체를 묻는 작업을 꾸준히 할 때 자기의 발전과 완성을 꾀할 수 있다는 점에서 시는 더할 나위 없는 삶의 소중한 반려가 될 수 있다. 우리는 자아에 대한 물음에 소홀한 경향이 많다. 그것은 '나'에 대한 유기遺棄요, 무책임이다. 류시경의 시를 대하면서 일련의 이런 생각을 하게 된 것은 그녀가 끊임없이 시에 기대면서 '내던져져 있는 자아'를 구

원하고자 한다는 것을 느끼게 되었기 때문이다. 왜 그녀는 이 자아의 구원에 골몰하고 있는가? 그것은 한마디로 류시경의 양심 때문이라고 나는 생각한다. 그녀는 현재의 자신이 과연 바람직한 '나'로 살고 있는가를 스스로에게 묻고 있다. 이 양심의 태도는 달리 말해 존재의 진리에 대한 물음이라고 할 수 있다. 이 같은 물음은 시인으로서의 출발점에서부터 그녀의 시를 사유의 길로 안내했다. 그녀는 데뷔 시인답지 않게 첫 시집에서 이미 현상보다는 본질을 파악하려 하고, 사물의 말에 귀를 기울이려는 시적 포즈를 취했다. 이번 시집은 그 연장 선상에 놓인다. 그러나 중년을 넘은 연치에서 오는 삶의 지혜가 시의 깊이를 더했다는 느낌이다. 물론 그 밑바탕에는 독실한 그녀의 신앙이 자리 잡고 있다. 이를 전반적으로 살피기 전에 이보다 앞서 출간된 시집들의 시 세계를 소략히 다뤄보기로 한다.

2

　원래 류시경의 시를 관류하고 있는 정서 중의 하나는 허무였다. 첫 시집을 보면 그녀의 허무가 도처에서 발견된다. 허무는 어디에서 오는가? 가치 체계에 대한 회의로부터 발생한다. 지금까지 자신이 의지하고 믿어왔던 모든 것들이 과연 무슨 의미가 있는가를 자신에게 반문할 때 허무는 찾아든다. 인간 존재에 대한 공허함과 절망은 허무로 이어진다. 그 감정하에서는 눈앞의 자연현상조차 부질없는 것으로 받아들여질 뿐이다.

　온 천지 터뜨렸던 / 해후의 환희 / 쓸어가는 저 바람에 / 꽃 같은 나날 / 꽃 지듯 지니(「가는 봄」)

그녀의 첫 시집에서 발견되는 허무의 감정이다. 겨울이 가고 소생의 계절인 봄이 찾아오면 많은 사람들은 새로운 희망 속에 삶의 의욕이 충만해진다. 봄을 만나 기쁨에 들뜬다. 그러나 그 "꽃 같은 나날"과 같은 "해후의 환희"는 얼마 안 가서 꽃 지듯 사라지고 만다. 그야말로 봄을 만끽하는 것은 한순간이다. 사랑도 마찬가지다. 사랑에 빠질 때에는 그 사랑이 영원할 것 같지만 인연이 끝나게 되면 서로 아픈 마음을 지니고 헤어져야 한다. 그러므로 빗소리 지나가듯 사랑도 지나가는 것이다. 그래서 시인은 다음과 같이 노래한다.

　사랑도 지나고 나면 / 덧없는 많은 것 중 / 하나일 뿐이라며 / 인연의 끝에 선 / 두 아픈 마음 사이로 / 빗소리 지나가고 (「달개비꽃 3」)

  우리의 눈앞에 보이는 현상적인 것들은 허상에 불과하다. 우리가 그토록 애착을 갖고 소유하고자 했던 모든 것들은 시간이 지나고 보면 아무것도 아닌 것이 되거나 없어지고 만다. 굳이 불교의 교리에 기대지 않더라도 모든 것은 실체가 없다. 잠깐 동안의 환영일 뿐이다. 유는 곧 무인 것이다. 일체개공이다. 그러나 대부분의 사람들은 집착을 갖고 본질적인 것을 외면하고 허상에 매달린다. 이 사실을 시인은 일찍이 터득하고 있었다. "눈 뜨니 / 죽음보다 아름다운 삶이 / 순간이어라 / 삶보다 영원한 사랑도 / 순간이어라"라는 첫 시집의 자서는 그녀의 이런 인식을 요약한 것이라고 볼 수 있다.

  시인의 삶의 철학은 두 번째 시집에 이르러 그 깊이를 더한다. 예를 들어 그녀는 「준비된 겨울」에서 "'오는 것'은 '가는 것' / 두려워하거나 조급하지 말아야지"라고 서술하는데, 이것은 시 제목이 환기하는 암시성과 더불어 그녀의 사유가 깊은 경지에 다다르고 있음을 보여준다. 그렇다. 오고 감이 무엇이 다를 것이 있으랴. 니체가 언급하듯 모든 것은 가며, 모든 것은 되돌아온다. 모든 것은 시들어가며 모든 것은 피어난다. 그러므로 두려워하거나 조급해할 필요가 없다.

마른 잎 굴러와 / 내 안에 살자 한다 // 내 안의 무엇으로 / 너를 살릴까 화답하니 // 나로 인해 / 저가 살려는 게 아니라 / 저로 인해 / 내가 살 것이라 한다(「낙엽 유정」 전문)

　사물들은 말을 한다. 사물들의 움직임인 자연현상도 말을 한다. 나뭇잎 하나의 떨어짐, 끊임없이 밀어닥치는 거친 파도, 갑자기 쏟아지는 소나기 등은 그 나름으로 우리에게 전하는 자연의 말이다. 흔히 우리는 낙엽을 보면 내가 주체라는 권위 의식을 가지고 한낱 대상으로만 낙엽을 대한다. 가령 내 앞에 떨어진 낙엽을 주울 것인가, 발로 밟고 지나갈 것인가 망설이는 것은 주체로서 대상을 지배하려는 것이다. 그러나 저 낙엽이 다름 아닌 나일 수 있다고 생각하게 되면 낙엽으로부터 미처 몰랐던 자아를 발견할 수 있다. 이른바 타자의 시선이다. 시인은 이런 시선을 지니고 있다. "나로 인해 / 저가 살려는 게 아니라 / 저로 인해 / 내가 살 것이라 한다"라는 언술은 바로 이를 말해주는 것이다. 이런 인식이 있었기에 그녀는 주위에서 자신을 무어라 하든 현실에 충실할 수 있었다. "꿈도 좋고 멋도 좋지만 현실에서 더 이상 벗어나지 않기다. 자유도 좋고 사랑도 좋지만 나로 인해 형성된 모든 것에 대해서는 충실하기다. 필요하다면 내 모든 것을 버려서라도 책임을 다하기다. 그것이 시보다 우선이고 시보다 아름답기 때문이다."(제2시집『마음은 마음의 길을 걷고』'자서'중에서)는 그녀가 어떤 시인인가를 알기 위해 반드시 우리가 음미해야 할 대목이다.

3

이번 시집에서 우선 눈에 띄는 것은 고향에 대한 그리움의 감정을 많이 쏟아내고 있다는 것이다. 8편에 이르는 연작시 「회향의 노래」는 이를 잘 보여준다. 고향을 그리며 생각하는 '회향懷鄕'은 인간이면 누구에게나 공통적으로 내재된 정서다. 아니 인간뿐만 아니라 동물들도 자기가 태어난 곳을 그리며 죽을 때는 그곳을 향하고자 한다. 여우가 죽을 때 자기가 태어난 굴을 향해 머리를 둔다고 수구초심首丘初心이라 하지 않던가. 그러나 류시경에 있어 회향이란 누구보다도 특별하다. 30년간을 고국을 떠나 외지에서 생활한 그녀이고 보면 고향에 대한 그리움이 절실해지는 것은 어찌 보면 당연한 것일지도 모른다.

내 고향 경주는 봄이 아름답지

춘삼월 따스함에 천지가 꿈틀대면
숨었던 초근 종자 부지런히 제 몸 털어
온 세상 보란 듯이 초록 물을 치고

대릉원 고군분 봉황대 덮으며
파릇파릇 살아나는 새 잔디 새 물결
천년 솔숲 계림에서 뻗어가는 새 기운
삶이 따로 없고 죽음이 따로 없지

벚꽃 유채꽃 눈 시린 봄의 축제
옛것과 새것의 뗄 수 없는 상생이
눈물겹도록 그립고 보고파서
봄이면 봄마다 고향에 가고 싶네
―「봄, 고향에 가고 싶네」 전문

그녀의 고향은 천년의 고도 경주다. 시인은 이역만리 타국에서 경주를 회상한다. 그곳에 살면서 보았던 대릉원 고군분 봉황대의 잔디. 봄에 파릇파릇 살아나던 새 잔디는 지금 생각하니 삶과 죽음이 따로 없음을 보여준 것이었다. 봄에 눈 시리게 활짝 피어났던 벚꽃, 유채꽃도 옛것과 새것의 뗄 수 없는 상생의 축제였다. 정작 어려서 경주에 살았을 때에는 그것들을 보고도 그 대상들이 암유하는 의미의 실체를 파악하지 못하였다. 그러나 고향을 멀리 떠나와 나이 먹어 생각하니 삶과 죽음이 결국 하나라는 철학적 깨달음이 떠오른다. 이제 시인은 어릴 때 보아왔던 그 모든 것들이 눈물겹도록 그립고 보고프다. 그래서 "봄이면 봄마다 고향에 가고 싶네"라고 노래한다. 「회향의 노래 1-겨울. 아침 아홉 시」에서는 "걸어야 할 / 마지막 한 길은 / 떠나온 그곳으로 돌아가는 것"이라고 단정적으로 귀향의 정당성을 얘기하기도 한다.

  그러나 시인이 회향의 시선을 반드시 자신에게만 두는 것은 아니다. 수몰 지구 사람들의 '고향 없음'에 대해서도 시선을 던진다. 이러한 배려가 있기에 그녀의 '회향'은 편협하지 않다.

    취하면
    쏟아지고 또 쏟아내는 것은
    허망한 인생과
    끝 날에는 꼭 돌아가고픈 고향
    그러나 없는

    그 뜨거움
    횃불처럼 활활 타오를 때

가끔 보였다
안동댐, 공포의 수심이 갈라지고
없다고 믿었던 고향이
툭툭 물기를 털며 걸어 나오는
아프고 허무한 환영幻影
―「회향의 노래 2―고향 없는 사람들」 부분

 이 시는 안동댐 건설로 고향이 수몰당한 사람들을 소재로 하고 있다. 고향이 있지만 고향에 갈 수 없다는 것만큼 안타까운 것은 없다. 그것은 개인의 근본적인 뿌리가 제거되었다는 것이요, 그 상실감은 나이가 들수록 커진다. 우리는 그 예를 고향을 북에 두고 떠나온 이들, 이역만리로 이민을 간 이들에게서 쉽게 발견한다. 우리 주위에 명절만 되면 멀리 고향 쪽으로 머리를 돌려 눈물짓는 사람들이 얼마나 많은가. 수몰로 고향을 잃은 사람들도 마찬가지다. 물속에 잠긴 고향에는 내 어릴 적 뛰놀았던 자연 풍광이 있고, 집이 있고, 추억이 있다. 그것을 찾지 못한다는 상실감은 큰 것이다. 원래 삶이란 것이 허망한 것이고, 사람들은 늙으면 그 텅 빈 마음을 채우고자 풍요로웠던 유년의 세계로 회귀하려 하는 것이 상례인데, 그들은 돌아갈 고향이 없는 것이다. 그래서 안동댐 건설로 고향이 수몰된 사람들은 고향에 흐르던 시냇물인

동계수를 그리워하여 '동계수를 사랑하는 모임'을 결성하고 '분천바위 사람들', '부포동 주민회' 같은 카페를 만들어 같은 처지에 있는 사람들끼리 모임도 만들고, 그것으로 동병상련의 위안을 삼으려는 것이다. 시인은 어느 기회에 이 '고향 없는 사람들'을 만나게 되었고, 그들의 회향을 눈여겨보게 된 것 같다.

시인은 또한 정신적인 안식처가 될 수 있는, 하늘에서 내려온 천사와도 같은 존재도 '고향'과 다름없다고 인식한다. 사지가 없는 닉 부이치치를 소재로 한 「회향의 노래 5-닉 부이치치」는 바로 그러한 시라고 할 수 있다.

> 머리 붙은 몸통 하나로 하느님의 영광을 위해 살아가는 닉 부이치치는 천상 사람이 분명하다. 흠 없는 육신, 추켜올린 양팔로 통회와 통성의 기도를 하고, 무릎 꿇고 날마다 신앙을 고백해도 나는 그의 믿음 앞에서 내보일 것이 없다. 마른 펜으로 그의 이름만 써도 '너는 내 사랑하는 아들, 내 마음에 드는 아들이다'라는 하느님의 음성이 들리고, 고개 떨구는 내 그늘진 나는 고백한다, '아버지, 제가 하늘과 아버지께 죄를 지었습니다.' 하늘이 보내주신 천국의 사자, 닉 부이치치!
> ―「회향의 노래 5-닉 부이치치」 전문

팔 다리 하나만 없어도 정상적인 생활을 할 수 없고 그 불구로부터 오는 불편함과 차별에 대해 세상을 절망적으로 보기 쉬운데, 닉 부이치치는 사지가 하나도 없다. 살아 있는 자체가 기적이라 할 수 있다. 그러나 그는 살아 있을 뿐만 아니라 절망 속에 희망이 있음을 우리에게 보여주고, 진정한 행복이 어디에 있는가를 행동으로 가르친다. 그는 "하늘이 보내주신 천국의 사자"로서, 다름 아닌 본래면목의 고향이다. 시인은 그에게서 마음의 고향을 찾는다. 그렇다면 그의 앞에서 사지가 있는 정상인이면서 그보다 사람 구실을 못 하는 나는 어떤 존재인가? 똑같이 하느님의 자식인데 나는 자기 소임을 다하지 못하는 것이 아니겠는가? 사지가 있으니 닉 부이치치보다 훨씬 많이 하느님의 사명을 전달해야 한다. 그것을 못 하니 죄를 짓는 것이나 다름없다. 그러므로 고개를 떨구며 "아버지, 제가 하늘과 아버지께 죄를 지었습니다"라고 고백한다. 이 죄의식이 닉 부이치치와 같은 마음의 고향을 그리워하게 하는 것이다. 이렇듯 그녀의 고향에 대한 그리움은 단순히 공간적인 곳만이 아니라 다층적이다.

4

  이번 시집에서 '회향'과 더불어 또 하나 비중 있게 거론할 시어가 있다면 그것은 '사랑'일 것이다. 사랑은 굳이 류시경 시인이 아니더라도 모든 사람들이 지닌 보편적인 정서이다. 그러나 구차하게 사랑에 매달리지 않는다는 데에 그녀 사랑의 특징이 있다. 그녀는 사랑이 한 순간의 것이요, 지나가는 것이라고 인식한다. 앞서 잠깐 살핀 바와 같이 첫 시집에서도 그녀는 사랑을 "지나고 나면 덧없는 많은 것 중 하나일 뿐"이라고 했었다. 사랑에 대한 이러한 절제된 태도는 중년을 넘어선 원숙함에서 기인하는 것이겠으나, 세상살이를 겪으면서 터득한 삶의 철리哲理라고도 할 수 있다. 그녀에게 있어 사랑이란 결코 육욕에 집착된 것이 아니요, 속박된 것이 아니다. 정신적인 고양을 추구하는 것이다.

    당신과 내가 이어져
    바람꽃으로 피어난 하늘에
    동그라미를 그립니다

    사랑은 흔드는 것
    모질게 흔들고 지나가는 것

끊어지고 풀어지고
　　흔적 없이 사라져도
　　둥글게 둥글게 그리는
　　나의 의미
　　하늘은 알겠지요
　　―「바람꽃」 부분

　바람꽃의 꽃말이 '덧없는 사랑'이라는 것을 알면 시인이 이 바람꽃을 시의 제목으로 삼은 의도를 눈치챌 수 있다. 당신과 나의 사랑이 덧없이 끝났다는 것이다. 그렇기에 시인은 "사랑은 흔드는 것 / 모질게 흔들고 지나가는 것"이라 한다. 그러나 비록 지나가는 사랑일지라도 의미를 두고자 하는 것이 시인의 태도이다. 흔적 없이 사라져도 동그라미를 계속 그리는 것은 당신과 내가 이어져 바람꽃으로 피어난 자체가 아름다운 것이 아니겠냐는 것이다. 그런 점에서 '동그라미'는 사랑의 결과에 대한 긍정을 상징하는 기호라고 볼 수 있다. 그녀의 사랑은 다음처럼 펼쳐지기도 한다.

　　우리는
　　모두 한 길 위에서
　　이리저리 묶고 묶이고

풀고 풀리며

외로이 살아가네

길이 끝날 때

나와 그대, 그리고 사랑이

한순간 헤어질지니

지금 여기에서 우리일 뿐이네

—「길 위의 사랑」 부분

  존재자로서의 우리는 각자 '나'를 위해 살고 있다. 엄밀히 따지자면 그대를 위해 내가 산다는 것도, 나를 위해 그대가 산다는 것도 모두 허위요, 위선적인 것이다. 필요에 따라 묶고 묶이고, 풀고 풀린다. 궁극적으로는 우리 모두가 외로이 살아가는 단독자다. 그러므로 사랑도 사랑을 위해서 존재하는 것이요, 우리가 가야 할 길이 끝날 때 나와 그대는 헤어지는 것이고 사랑도 헤어지는 것이다. 다시 말해 우리는 '길 위의 사랑'을 하는 것인데, 유한한 존재이기에 그 길은 어느 시점에서 끝날 수밖에 없다. 그에 따라 사랑도 끝나는 것이다. 우리에게 중요한 것은 '지금, 여기, 우리'일 뿐이다. 그러나 그녀가 잠깐 동안의 쾌락적인 사랑을 바라는 것은 아니다. 그녀의 사랑의 실체는 다음 시에서 드러난다.

남자야
세상이 온통 사랑으로 붐비니
나도 나이를 잊고
뼈아픈 사랑에 빠지고 싶어졌다
태양이 이글거려
세상의 모든 눈이 감겼을 때
예쁘게 예쁘게
남자야 너와 남몰래 사랑에 빠지고 싶다
기슭 저편
나는 그늘진 바위굴에 잠든 물
남자는 해를 안고 지나가는 바람
나는 남자와 이생이 지기 전에
죽어도 좋을 사랑에 병들고 싶다
만나면 섞이고 비비다 쓰러져
뼈란 뼈들이 우르르 쓰러져
설령 물 위의 주검 되어 떠다닐지라도
그늘진 바위굴에 잠든 물은
해를 안은 바람과 사랑을 하고 싶다
바다 한가운데 한몸의 탑을 세우는
해도 해도 이루지 못할 사랑
남자야 너와의 마지막 사랑은

슬프도록 고귀한 영원이고 싶다
─「소렌토, 사랑을 꿈꾸다」 전문

  이 시에서 주목할 부분은 화자가 자신의 사랑을 "그늘진 바위굴에 잠든 물"로, 남자의 사랑은 "해를 안고 지나가는 바람"으로 비유한다는 것이다. 이 객관적 상관물이 함의하는 바를 나름대로 추정해보면 "그늘진 바위굴에 잠든 물"은 오랫동안 외부와 차단된 채 비장되어온, 그러나 누군가 잠을 깨우면 거세게 일어날 수 있는 사랑이요, "해를 안고 지나가는 바람"은 해처럼 밝고 뜨거워 그늘을 젖혀줄 수 있지만 머무를 수 없는 숙명성을 지닌 사랑이라 할 수 있다. 그렇기에 이루지 못할 사랑이요, 뼈아픈 사랑이다. 하지만 한순간이나마 자기의 그늘을 밝고 뜨겁게 해줄 사랑이라면, 비록 얼마 안 있어 허물어질지라도 한몸이 된 사랑의 탑을 세우고 싶은 것이다. 그것이 시인이 꿈꾸는 마지막 사랑이요, 슬프도록 고귀한 영원의 사랑이다. 이상 보아왔듯이 그녀가 읊은 사랑은 모두 지나가는 사랑이다. 그러나 비록 지나갈지라도 의미가 있는 영원한 사랑을 하고 싶은 것이 그녀의 바람이다.

5

  마지막으로 그녀의 시집에서 눈에 띄는 것은 '삶'이란 단어이다. 시 속에서도 나올 뿐만 아니라, 시의 제목으로도 등장한다. 물론 이전 시집들에서도 '삶'이란 시어가 없었던 것은 아니지만, 이번 시집의 '삶'은 단순한 시어로서가 아니라 시인의 삶의 태도를 살펴볼 수 있다는 점에서 주목된다.

    사노라면
    불꽃처럼 살고 싶고
    사노라면
    바람처럼 살고도 싶고

    사노라면
    흐르는 물처럼 살고 싶고
    깊디깊은 우림에
    안개 되어 살고도 싶고

    내 마음 오늘은
    하늘 둥둥 떠가는
    구름이나 되자 하네

바람 불면 흐르고
바람 멈추면 따라 쉬며
초연히 살자 하네
—「삶」 전문

시인이 어떤 삶을 살고자 하는지를 여실히 보여주는 작품이다. 그녀는 불꽃처럼 뜨겁게 살기를 원하는가 하면, 바람처럼 구애받음이 없이 자유자재로 살기를 원하기도 한다. 그런가 하면 되는대로 모든 것을 내맡기고 살고 싶기도 하고, 존재를 드러내지 않은 채 안개처럼 은거하기를 원하기도 한다. 한마디로 초연한 삶을 원한다. 이것은 뒤집어 생각하면 그동안 그녀는 무언가에 억눌린 삶을 살아왔다는 얘기이다. 인습에 얽매여, 사회적 금도를 벗어나지 않기 위해, 틀에 박힌 삶을 살아왔는지 모른다. 이제 시인은 좀 자유를 구가하고 싶다. 그 정신적 자유는 어디에서 오는 것일까? 세상을 넉넉하게 긍정적으로 보는 데에서 기인하는 것 같다. 과거에도 그녀는 허전함, 쓸쓸함, 그리움 등의 감정들에 쉽게 함몰되지는 않았다. 오히려 그 감정들을 그녀의 삶의 방식대로 다루고자 하였다. 그러나 초연하지는 않았다. 하지만 이번 시집에서는 위의 시에서 보는 바와 같이 유유자적하게 초탈히 삶을 살고자 하는 여유를 보인다. 그렇다고 그녀의 눈에 비친 요지경 세상을 그녀가 긍정적으로 받아들이는 것은 아니다. 그런 세상이 펼쳐져 있음을 인정하면서도, 우리가 지향해야 할 삶이 결코 그런 것이 아님을 행간의 의미로 제시한다.

> 눈 아래 세상살이는
> 뒤집어져도 잘도 돌아갔고
> 나를 태운 나룻배도 멋지게 떠다녔다
> 거꾸로 매달려서
>
> 나의 세상이 있고
> 노를 쥔 사람의 세상이 있고
> 아득한 눈 아래
> 뒤집어져도
> 거꾸로 매달려서도
> 치고 부딪히며 잘 사는 세상
>
> 삶이 곧 꿈인 것 같다
> ―「빈 나룻배」부분

화자는 빈 나룻배를 타고 하늘 여기저기를 휘젓고 다닌다. 하늘 아래 내려다보이는 세상은 뒤집어져도, 거꾸로 매달려서도 잘만 돌아간다. 사람들에겐 저마다의 세상이 있다. 나는 나의 세상이 있고, 노를 쥔 사람은 그의 세상이 있다. 내가 노를 쥔 사람에게 나의 세상을 강요할 수 없고, 거꾸로 노를 쥔 사람이 나에게 강요할 수도 없다. 각자의 세상 속에서 치고 부딪히며 잘 살고 있다. 그러나 그녀가 볼 때 이것은 정상적인 삶이 아니다. 마치 꿈을 꾸는 듯한 삶이다. 시인은 여기서 어떤 삶을 살아야 한다고 강요하지 않는다. 문제가 있는 삶의 모습이라는 것을 인지하지만, 그런 세상에 대한 시비를 가리는 것은 각자의 몫이다. 어떻게 보면 냉정한 듯하나, 살다 보니 어느 한편으로 쏠리는 것이 그렇게 바람직한 것은 아니라는 판단을 하게 되었다. 만법의 진리가 편중에 있지 않음을 깨달은 것이다. 한마디로 말해 중도를 추구하는 삶의 철학이라고 할 수 있다. 다음 시는 이러한 그녀의 삶의 철학을 단적으로 보여준다.

    욕망과 자유 사이
    원형의 길을 가볍게 걷되
    한쪽으로 치우치거나
    비틀거림 없는
    불편不偏을 지키는 것
    내가 사는 법

―「나의 도道」 부분

  중도中道는 극단을 지양하는 태도이다. 더러운 진흙의 연못 속에서 깨끗한 연꽃을 피워 올리듯이 더러움과 깨끗함은 둘이 아니요, 하나다. 그 구별은 인간이 자의적으로 한 것이다. 그렇듯이 어느 한편에 서서 다른 쪽이 그르다고 하는 것은 어리석은 행동이다. 그것은 집착이요, 구애拘礙다. 단지 내가 신앙적으로 바르게 삶으로써 다른 이들의 모범이 되고, 하느님의 자식으로서 부끄럽지 않은 삶을 살면 되는 것이다. 그래서 그런지 몰라도 이번 시집에서 선보인 일련의 신앙시들 중에는 자신에 대한 반성과 다짐의 시들이 많다. "가지고 싶은 것 / 가져야 할 것 / 없어서 불편함도 / 이젠 더 말하지 않고 // 깨달은 바 있으니 / 애초의 영적 가난함으로 / 깨끗하게 되돌아가고픈 / 소망을 이루는 것"(「나의 빈부貧富」)이라든가 "세상에 병이 없기를 / 세상이 정의롭기를 / 죄가 없고 슬픔이 없기를 / 상심이 없고 고통이 없기를 // 진심으로 기도해본 후에나 / 세상 험하고 야속하다며 / 눈물 흘려야지"(「울지 말자」), "눈 감고 / 의식을 고르니 / 내 안의 혼탁도 자리를 찾습니다 // 웃물부터 서서히 맑아진 영靈 / 바닥까지 드러날 때 / 보이는 것, 당신 향한 / 흠 많고 부족한 나의 사랑"(「당신의 법」) 등은 모두 하느님 앞에 부족한 자신을 되돌아보고 더욱 신앙을 굳게 하려는 태도이다. 그리고 최종적으로는 하느님께 영광이 되는 삶을 살고자 한다. 이상을 정리해볼 때 이번 시집에 전개된 류시경의 시 세계는 신앙을 기반으로 하여 사랑이나 고향, 또 삶에 대해 본질적인 인식을 한 것이라 할 수 있다. 그리고 그 인식이 중도 사상과 같은 철학적 깊이를 수반한다는 점에서 고무적으로 받아들여진다.